© 2019, Georges Kévorkian

Edition : Books on Demand,
12/14 rond-Point des Champs-Elysées, 75008 Paris
Impression : BoD - Books on Demand, Norderstedt, Allemagne
ISBN : 9782322134168
Dépôt légal : Février 2019

La Cordelière de Portzmoguer
Corsaire du pays d'Iroise

Du même auteur

- « *Accidents des sous-marins français 1945/1983* » par Marines éditions – 2006
- « *La flotte française au secours des Arméniens 1909/1015* » par Marines éditions - 2008
- « *Le retable des DIX MILLE MARTYRS crucifiés sur le mont Ararat* » par Edilivre – 2013
- « *La France Chassée de l'Empire ottoman – Une guerre oubliée-1918/1923* » par L'Harmattan - 2014

Mes remerciements s'adressent à l'association Expotem (Saint-Renan : www.expotem.fr) pour m'avoir permis d'illustrer mon texte avec sa maquette de la caraque bretonne « Cordelière », et à l'association « Aux Marins » (Plougonvelin : www.memorialnationaldesmarins.fr) pour son aide (crédits photos).

Merci à mes amis relecteurs/correcteurs ; ils se reconnaîtront.

Droits d'auteur à répartir entre les associations « Aux marins », « Expotem » et « Musée de Saint-Renan »

Sommaire

Introduction

1 – Un peu d'histoire
1.1 - Les liens par le mariage
1.2 – Les guerres

2 – La Cordelière
2.1 – La construction de « *Marie la Cordelière* »
2.2 – La Cordelière en Méditerranée – Le siège de Mytilène
2.3 – Hervé de Portzmoguer
2.4 – les invités civils à bord de la Cordelière
2.5 – La bataille

3 – Le récit « imaginaire » d'une rescapée du naufrage

4 – La gloire pour Hervé de Portzmoguer

5 - Questions sur la date du combat naval de la Cordelière devant Saint-Mathieu et sur son caractère légendaire
5.1 – Les sources
5.2 - Extrait (pages 273-274) de « *Les grandes chroniques de Bretagne* » composées en l'an 1514 par Maître Alain Bouchart.
5.3 - Extrait (pages 833 et 834) de « *Histoire de Bretagne* » par Dom Gui Alexis Lobineau.

6 – Conclusion

Les annexes

Annexe 1 - Bibliographie/Sources
Annexe 2 – Chronologie (1461-1516)
Annexe 3 - La chanson de Théodore Botrel
Annexe 4 - Bâtiments de la Marine Nationale ayant porté ou portant les noms de *Cordelière* et de *Primauguet*
Annexe 5 - Cérémonie/anniversaire de l'été 2012
Annexe 6 – Le chemin de mémoire
Annexe 7 – Sur la Saint-Laurent

Introduction

Le texte qui va suivre évoque, sous forme de résumé, le combat naval de la nef appelée la *Cordelière* face à une armada anglaise, dans des eaux proches de la pointe Saint-Mathieu (Plougonvelin) en Finistère, dans la mer d'Iroise, le 10 août 1512.

J'aurais pu titrer ce texte, par exemple : « *Le dernier combat de la Cordelière* », puisque la *Cordelière*, dans cette bataille, va sombrer après qu'elle ait été embrasée, entraînant la perte du navire anglais la *Régente*. Ou encore « *L'héroïque combat de la Cordelière* », si l'on s'en tient à cette fin tragique et épique à la fois ; mais ces deux titres ont déjà été utilisés. Bref, comme la *Cordelière* « *dans ce dernier combat héroïque* » était commandée par un marin d'exception, au tempérament de corsaire, un Breton du nom d'Hervé de Portzmoguer, pourquoi, tout simplement, ne pas choisir de le titrer par « **La Cordelière de Portzmoguer, corsaire du Pays d'Iroise** ».

Ce texte n'est pas le fruit d'un travail de recherches par l'exploitation d'archives ou de documents d'époque, comme le ferait un historien. Cependant, il est inspiré de documents existants (voir bibliographie) ; j'ai donc peu de mérite dans l'écriture de ce texte. Il avait été établi à l'occasion d'une cérémonie anniversaire, en 2012, rendue à l'esplanade du souvenir de la pointe Saint-Mathieu (voir annexe 5).

A ce jour, il comporte les derniers éléments d'actualité, portant notamment sur des nouvelles campagnes de recherches de l'épave de la caraque bretonne[1], ainsi que sur le devenir de la frégate *Primauguet* en fin de vie opérationnelle (voir en annexe 4).

---

[1] On pourra se reporter aux informations fournies par les médias en juin 2018 et janvier 2019. Telle celle du journal « Ouest-France » datée de janvier 2019 : « *Une deuxième campagne de recherches en mer est prévue, près de Brest, en juin 2019. La Cordelière, navire coulé en 1512, reste introuvable. Mais les recherches de 2018 ont révélé la présence d'une mystérieuse épave* » source : Serge Poirot - https://www.ouest-france.fr/bretagne/au-large-de-brest-une-epave-decouverte-sur-les-traces-de-la-cordeliere-6167776

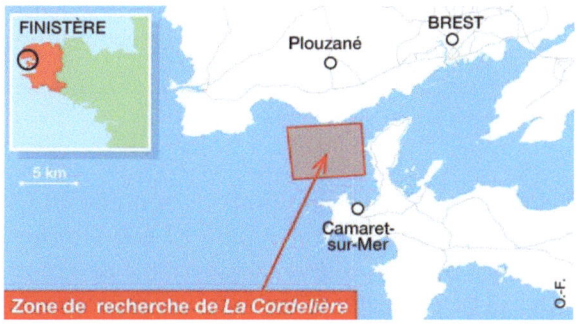

1 – Un peu d'histoire *(voir en annexe 2 : chronologie)*
1.1 - Les liens par le mariage

Le jour de sa mort, le 30 août 1483, le roi de France de la dynastie capétienne, Louis XI (1423-1483) confie la tutelle de son fils Charles VIII (1470-1498), âgé de 13 ans, et le gouvernement de la France, à sa fille ainée Anne de Beaujeu, appelée aussi Anne de France (1461-1522). D'abord fiancé, en 1483, à Marguerite d'Autriche, petite fille de Charles le Téméraire[2] (1433-1477), Charles VIII, âgé de 21 ans, épouse, en 1491, Anne de Bretagne (1477-1514), âgée de 14 ans passés, l'héritière du duché de Bretagne à la mort de son père, François II, Duc de Bretagne, le 9 septembre 1488. Anne de Bretagne, elle-même, a du faire annuler son précédent mariage avec Maximilien de Habsbourg, futur empereur d'Allemagne. Cette union de Charles et d'Anne, voulue et soutenue par Anne de Beaujeu, vaudra au royaume de France un processus d'annexion du duché de la Bretagne.

Anne de Bretagne (source internet)

Charles VIII sera le septième et dernier roi de la succession directe de la branche des Valois de la dynastie capétienne.

---

[2] Rappelons que Louis XI s'est opposé aux ambitions de son cousin Charles le Téméraire, Duc de Bourgogne. A la mort de ce dernier, en 1477, Louis XI étendra son pouvoir en récupérant la Bourgogne et la Picardie, alors que les autres possessions de Charles Le Téméraire seront octroyées aux Habsbourg par sa fille Marie.

C'est alors que Louis XII (1462-1515), de la branche d'Orléans succède, en 1498, à son cousin, Charles VIII, qui, dénué d'héritier, meurt accidentellement le 8 avril 1598. Bien que marié à Jeanne de France (fille de Louis XI, au physique ingrat et qui plus est, infirme, d'après certains écrits d'historiens) qu'il va répudier avec l'accord du pape Alexandre VI[3], Louis XII épouse, en 1499, en secondes noces, Anne de Bretagne, alors âgée de 22 ans, veuve du précédent roi (un contrat de son mariage précédent ne prévoyait-il pas que si le roi décédait sans laisser de fils, « *sa veuve ne pourrait épouser que son successeur* » !).

Louis XII (source internet)

Toutefois, la Duchesse de Bretagne veille à maintenir, durant son règne, son duché indépendant, en conservant son administration. La Bretagne sera définitivement attachée à la France en 1532, sous François 1er (1494-1547) sacré roi de France en janvier 1515, après avoir épousé, le 18 mai 1514, Claude de France (1499-1524), fille d'Anne et de Louis XII[4]

Disons qu'Anne de Bretagne, morte, le 9 janvier 1514, est donc feu la belle-mère de François 1er. Neuf mois[5] après sa mort, Louis XII se remarie avec Marie d'Angleterre, sœur d'Henri VIII, affermant, par cet acte, la réconciliation avec l'Angleterre. Mais, malade, il s'éteint dans la nuit du 31 décembre 1514 au 1er janvier 1515. Commence alors le règne de François 1er qui va durer 32 ans.

---

[3] Le document du pape autorisant le mariage de Louis XII avec Anne de Bretagne est apporté au roi par César Borgia, le fils d'Alexandre VI (source : « Histoire de Bretagne »).

[4] Anne de Bretagne donnera naissance à de nombreux enfants, fruits de ses deux mariages, mais beaucoup ne survivront pas. De son premier mariage avec Charles VIII, Anne eut 4 enfants, aucun ne survécut. De son deuxième mariage, seules deux filles survivront de ses huit grossesses : Claude de France (1499-1524) et Renée de France (1510-1575).
En 1501, Claude de France, âgée de 2 ans est « fiancée », avec la Bretagne pour dot, à Charles de Luxembourg, futur Charles-Quint, lui-même âgé de un an. Mais ce projet ne verra pas le jour. Car Louis XII se rallie aux états généraux de Tours de 1506 lui demandant de marier sa fille à « l'héritier présomptif du trône ».

[5] Pourquoi neuf mois : faut-il y voir une signification particulière ?

1.2 - Les guerres

Charles VIII revendique le royaume de Naples en tant qu'héritier de la maison d'Anjou. De 1494 à 1495, il se lance dans des *guerres d'Italie*, conquiert puis perd le royaume de Naples. Louis XII poursuit ces guerres. Il conquiert le Duché de Milan (1499-1500) et va échouer dans sa tentative de conquérir, à son tour, le royaume de Naples (1501-1505). En 1512, il perd le Milanais.

En résumé, les guerres menées par Louis XII sont marquées par des désastres subis en Italie, face aux puissances maritimes italiennes (Gêne et Venise). Cependant, un chef d'escadre français, **Prégent de Bidoux** (1468-1528), chevalier de Saint-Jean de Jérusalem en 1505, se distingue en participant à la défense de Gaète (Gaèta en italien, ville proche de Naples) en gagnant, le 19 juillet 1510, une belle bataille navale près de Gênes, qui néanmoins tombera le 26 août 1514. Dès 1511, une Sainte ligue s'est formée à nouveau contre la France, comme auparavant contre Charles VIII, regroupant tous les Etats italiens, à laquelle se joignent Henri VIII, le roi d'Angleterre (qui règne depuis 1509 en succédant à son père Henri VII), Maximilien, l'empereur d'Allemagne (intronisé depuis 1493 à la mort de son père, l'empereur Frédéric III) et les Suisses mercenaires.

ENTRÉE DE LOUIS XII A GÊNES.
D'après une gravure du temps.

La guerre s'engage en Manche face à l'escadre anglaise venant approcher les rivages français de l'Ouest de la France. Prégent de Bidoux, au printemps de 1513, quitte les côtes de Gênes, entre en Atlantique en passant par Gibraltar, et arrive avec ses galères méditerranéennes devant les côtes bretonnes. Il va alors mettre en déroute la flotte anglaise de l'amiral Howard, envoyé par Henri VIII en approche des côtes de Normandie et de Bretagne, et qui était sur le point d'attaquer Brest.

Carte ancienne de la pointe de la Bretagne –
Rade de Brest et pointe Saint-Mathieu-
(source : Gallica/Bibliothèque nationale – Domaine public)

La bataille a lieu en vue du Conquet (à proximité de la pointe Saint-Mathieu en Finistère et de la plage des Blancs Sablons).

L'amiral anglais, en se jetant contre la galère de Bidoux, est tué, entraînant la disparition des neuf dixièmes de son équipage.

Le roi d'Ecosse, Jacques IV, fidèle allié de la France, de son côté, est vaincu et tué à Flowden-fields (ou « Flodden Field » : nord de l'Angleterre), le 8 septembre de cette même année, provoquant l'arrêt des hostilités. Ainsi, le 7 août 1514, la paix est signée à Londres entre le roi d'Angleterre et les Français ; le mariage de Louis XII avec Marie d'Angleterre scelle cet accord.

……..

Revenons en arrière, car la flotte anglaise de l'amiral Howard s'est déjà manifestée, l'année précédente, dans une bataille navale face à une escadre franco-bretonne, également à l'entrée du goulet de Brest ; bataille où il est question d'un navire armé en Bretagne et commandé par **Hervé de Portzmoguer** : la *Cordelière*.

2 - La Cordelière

L'incendie de la Cordelière
(Bibliothèque de France)

2.1 - La construction de *Marie la Cordelière*

Maquette de la Cordelière, face à la mer d'Iroise

Charles VIII qui a des visées sur le royaume de Naples a besoin que sa marine se renforce pour livrer bataille en méditerranée. C'est le Duché de Bretagne qui va lui fournir les navires de combat dont il a besoin, grâce au soutien de son épouse Anne.

Les chantiers de constructions navales de Bretagne sont mis à contribution. Celui de l'anse du Dourduff, sur le bras de mer entre Carantec et Morlaix (Finistère), va lancer une magnifique caraque de 1.000 tonneaux (peut-être pas plus de 700 tonneaux ? – selon certains historiens), de 120 pieds de long, 40 pieds de large et 20 pieds de tirants d'eau, avec deux mâts principaux, le mât de misaine et le grand mât portant chacun trois voiles carrées, munie de deux « châteaux », l'un à l'avant, d'un étage, l'autre à l'arrière, de deux étages ; armé de seize pièces de gros calibre, huit de chaque bord tirant des boulets de métal par des sabords percés dans la coque, de quatorze bombardes à roues tirant des boulets de pierre, et de nombreuses petites pièces d'artillerie légère, disposées un peu partout.

Ce bâtiment porte le nom de *Nef de Morlaix*, appelé également la *Mareschalle*, mais aussi *Nef de la Reine* par l'implication de la reine Anne à ce projet[6]. Pour certains historiens, ce navire aurait été lancé le 30 juin 1494, pour d'autres en juin 1448[7]. Retenons la première date, beaucoup plus plausible. Il semble également que le promoteur et armateur de ce chantier ait pour nom Nicolas Coatanlem, célèbre marin, neveu de Yann Coatanlem, corsaire breton, seigneur de Kéraudy en Plouezo'h, près de Morlaix en Finistère.

Finalement, la reine Anne va rebaptiser ce navire du nom de *Marie la Cordelière*, en raison du culte qu'elle porte à la mère Marie et à Saint-François d'Assise (religieux catholique italien créateur de l'ordre des **Cordeliers** – Franciscains- dans lequel les religieux portent un cordon autour de la taille sur leurs vêtements gris, caractérisant la pauvreté et le vœu d'évangélisme).

C'est ainsi que par simplification le nom de *Marie la Cordelière* deviendra, tout simplement, la ***Cordelière***[8].

2.2 - La Cordelière en Méditerranée – Le siège de Mytilène

En l'an 1501, la Méditerranée et l'Adriatique sont menacées par les forces de l'Empire ottoman. Anne de Bretagne, dans l'esprit des croisades des siècles précédents, veut défendre l'Occident chrétien, attaqué par les musulmans. Elle envoie une escadre de nefs bretonnes, comprenant la *Charente* et la *Cordelière*, cette dernière commandée par Jacques Guibé[9], intégrée dans une ligue chrétienne, comprenant essentiellement des bateaux français et vénitiens, ayant pour objectif de chasser les Turcs de l'île de Mytilène[10], en mer Egée. Mais les vivres et les munitions venant à manquer, le siège de Mytilène est levé, et la flotte retourne à Gênes : les trois tentatives de débarquement dans l'île du 22 au 29 octobre 1501 sont un échec. Quant à l'escadre bretonne, elle retourne dans les eaux de Bretagne.

---

[6] Pour certaines sources, la construction de ce navire aurait coûté 10.000 livres bretonnes.
[7] Source : Histoire de la marine française par Claude Farrère – Flammarion. Si l'on s'en tient à cette date, quand la *Cordelière* livre bataille en août 1512 (voir plus loin dans le texte), elle a soixante ou soixante-dix ans, ce qui paraît très douteux.
[8] J'ai supposé que le nom de baptême ne comporte pas l'article « la » ; c'est pourquoi seul le nom « Cordelière » est mis en italique.
[9] Jacques Guibé ou Guybé, neveu de Pierre Landois, trésorier du Duché de Bretagne sous François II, partisan d'une Bretagne indépendante.
[10] Du nom de la ville/capitale de l'île de Lesbos.

2.3 - Hervé de Portzmoguer

Anne de Bretagne souhaite confier le commandement de la *Cordelière* à un marin d'exception : c'est un capitaine du nom d'Hervé de Portzmoguer qui est choisi ; les récits élogieux sur la conduite de ce marin parvenus jusqu'à Anne, lors d'une de ses visites à Brest, à Morlaix et en pèlerinage[11] au Folgoët[12], en 1505, ont fait pencher la balance en sa faveur.

Qu'en est-il de la famille Portzmoguer ?

D'après certains écrits (principalement sources 4 et 13), la famille Portzmoguer (Portzmoguer ou Porzmoguet) serait originaire de la paroisse de Plouarzel (canton de Saint-Renan en Finistère) dont la pointe de Corsen, située sur le territoire de cette commune, en bordure de mer, est le point le plus occidental de la France continentale.

Buste d'Hervé de Portzmoguer réalisé, semble t-il, par les ateliers du musée du Louvre. Ce buste se trouve dans le bâtiment administratif de la Communauté des Communes du Pays d'Iroise en Lanrivoaré (Finistète).

D'après certains écrits, le manoir de Kermarhar, situé sur la commune de Plouarzel, serait le berceau de la famille de Portzmoguer durant les XVII et XIIIème siècles. Ce serait Guillaume, le frère cadet d'Hervé, qui aurait fait construire le manoir dès le XVIème siècle après que les Anglais auraient incendié la demeure familiale[13]. Le fronton de ce manoir porte les armoiries des Portzmoguer, avec pour devise : « **war vor ha war, zouar** » (« **Sur mer et sur terre** ») ; laquelle est inscrite sur le fanion de la frégate *Primauguet*.

---

[11] Que la Reine avait promis d'accomplir, car le Roi avait retrouvé la santé après une longue maladie.
[12] Prés de Lesneven en Finistère.
[13] Source : « Le patrimoine des communes du Finistère – Tome II » FLOHIC Editions

Le manoir de Kermarhar.

On sait peu de choses sur l'éducation d'Hervé et de ses activités en tant que marin. En 1503, il aurait convoyé des bâtiments pratiquant le commerce avec les îles britanniques. Peut-être aussi, ne dit-on pas, qu'il se serait adonné à des pillages sur mer, ou à des actes de piraterie, dans les années qui ont suivi. C'est sur sa réputation de valeureux capitaine, qu'Hervé de Portzmoguer, dont le nom sera déformé de nombreuses fois et en dernier en « Primauguet », va prendre la tête d'escadres armées pour la défense de la Bretagne.

Qu'en est-il du nom de Portzmoguer ?

Le nom de Portzmoguer a été orthographié de plusieurs façons. Le chroniqueur Alain Bouchard transforme, le premier, Portzmoguer en Primauguet. On trouve d'autres expressions de ce nom dans les ouvrages d'archive, telles celle en latin : « Primalguertus », ou encore « Primoguer », « Plumogher », « Porsmauguer », « Primaugay », « Portz-moguer », « Portemoguer », « Primauquet ».

L'orthographe officielle donnée par le Ministère de la Défense (Marine) est « Primauguet ». C'est ce dernier nom qui a été adopté pour le baptême de bâtiments de la flotte, en mémoire du capitaine breton.

Une autre orthographe a vu le jour, prescrite par la Communauté des Communes du Pays d'Iroise : « Porzhmoguer ».

Quelle-est la traduction du nom de Portzmoguer (Porzhmoguer) ?

« Portz » veut dire « port » en breton, et « moguer », qui a des origines celtes, signifie « muraille » ou « mur », ou même « ruines » ; par conséquent on pourrait traduire ce nom par : « port-muraille » ?

2.4 - La bataille navale de 1512

Henri VIII d'Angleterre

Une coalition s'est formée entre l'Angleterre et l'Espagne par le mariage d'Henri VIII d'Angleterre (1491-1547) avec Catherine d'Aragon (1485-1536), célébré le 11 juin 1509. Rappelons que précédemment, Henri VII avait déjà conclu, par intérêt diplomatique, le 14 novembre 1501, le mariage de Catherine (16 ans) avec son fils héritier Arthur (15 ans), mais ce dernier meurt, le 2 avril 1502, quelques mois après l'union. C'est alors qu'Henri VIII[14], le deuxième fils, devenu roi le 22 avril 1509, va épouser, à l'âge de 19 ans, sa belle-sœur, de 6 ans son ainée.

Henri VIII et son beau-père échafaudent une stratégie guerrière pour combattre la France en la prenant en tenaille. L'Angleterre vise les côtes normandes et bretonnes ; quant à l'Espagne, elle veut conquérir le pays basque.

2.5 - Les invités « civils » à bord de la Cordelière

Le 10 (ou plus vraisemblablement le 9) août 1512, alors que la *Cordelière* mouille dans le port de Brest, Hervé de Portzmoguer a invité des notables de la région à visiter son navire. C'est une brillante réception, à laquelle sont conviés des personnalités avec leurs épouses. La famille et belle-famille du capitaine font partie des invités, ainsi que des gentilshommes de « *bonne extraction*[15] ». Près de trois cents personnes sont ainsi à bord, entourées des membres de l'équipage, soit six cents marins ; ce qui fait au total environ près de neuf cents personnes embarquées, dont des femmes, des enfants et des personnes qui ont passé l'âge de combattre.

L'idée de quitter le port, avec tout ce monde, et de tirer des bords en sortie du goulet de Brest, pour initier les invités à la vie de marin, est retenue[16].

---

[14] Catherine d'Aragon ne portait pas d'enfant de son défunt premier mari, le mariage n'ayant pas été consommé ; ce qui permit au pape Jules II d'autoriser son second mariage avec son beau-frère. Henri VIII aura par la suite cinq autres épouses.

[15] Cette expression figure dans la source 4. Elle n'est pas désuète. A l'inverse, maladroitement, on peut dire : c'est quelqu'un de « basse extraction ».

[16] On suppose que cette décision a fait l'objet d'accords entre Hervé de Portzmoguer et les notables influents.

Quelques bateaux accompagnent la *Cordelière*. Arrivés à la sortie du goulet, à proximité du fort de Bertheaume, les marins de la *Cordelière* annoncent la présence de navires ennemis : les Anglais.

Il s'agit d'une photo datant de 1927
(Navires sortant du goulet de Brest et passant devant le fort de Bertheaume).
Imaginons l'escadre franco-bretonne faisant face à l'escadre anglaise.

Il est trop tard pour retourner au port de Brest ; il faut sonner le ralliement du reste de l'escadre française.

2.6 – La bataille

Aquarelle d'André Lambert (avec son aimable autorisation)

Les gardes côtes ont pu alerter les navires restés au port qui vont pouvoir ainsi rejoindre la *Cordelière* et faire face à l'escadre anglaise. Ainsi vingt et un bateaux composent l'armada franco-bretonne : la nef d'*Orléans*, la nef de *Bordeaux*, la nef de *Rouen*, la nef de *Dieppe*, et des grosses barques ; c'est la nef la *Louise* qui est le bateau amiral portant la marque du vice-amiral René de Clermont (on a des doutes sur sa présence réelle à bord).

Côté anglais, les navires sont beaucoup plus nombreux ; on y décèle la présence de gros bâtiments : le *Sovereign* (1.000 tonneaux) commandé par Charles Brandon, duc de Sufflok, la *Régente* (1.000 tonneaux, parfois orthographié : le *Regent*) commandé par Thomas Knyvet, le *Mary Rose* (700 tonneaux), le bateau amiral d'Edward Howard, le *Mary James* (400 tonneaux), commandé par Thomas Ughtred, le *Peter Pomegranate* (400 tonneaux), des bâtiments plus petits et de 30 à 40 hourques[17] flamandes.

Les Anglais, beaucoup plus nombreux ont le dessus. La *Cordelière* est attaquée par le *Mary Rose*, puis par le *Sovereign* et encore par le *Peter Pomegranate* ; elle subit des tirs d'artillerie, et reçoit des projectiles divers, dont les flèches des arbalétriers et des archers. La nef de *Dieppe* est également mise à mal. Quant à la *Louise*, elle doit piteusement battre en retraite (*dans sa fuite, elle se serait échouée sur des cailloux* - source 1).

Hervé de Portzmoguer, veut se dégager de l'encerclement orchestré par les Anglais. Il arrive à mitrailler le grand mât du *Sovereign* qui est atteint obligeant ce navire à quitter le cœur de la bataille. C'est alors que par une action hardie, la *Cordelière* aborde la *Régente* (à moins que ce soit l'inverse ?). Ils sont bord à bord ; s'en suivent des corps à corps entre marins et soldats des deux navires.

Le grand mât de la *Régente* est atteint par un boulet qui le casse en deux. En tombant, il blesse les marins de la *Régente* et son commandant en second, John Carew. En outre le navire anglais reçoit des objets incendiaires, provoquant des foyers d'incendie, lancés par des marins de la *Cordelière* (on soupçonne que ces lancers de feu sont à l'initiative d'un nommé Dolo - écrit également « Golo » -, le second de Portzmoguer[18]).

---

[17] Hourque : navire hollandais à fond plat.
[18] D'après la source 4.

Hervé de Portzmoguer prend conscience que sa situation est désespérée, car le feu prend dans les réserves de poudre de sa nef. Une explosion retentit, les deux coques, maintenant arrimées l'une à l'autre, sont atteintes par le feu. C'est le sauve qui peut, mais les deux milles personnes, combattants des deux navires et passagers invités de la *Cordelière*, sont entraînés dans les flots jonchés de débris de toutes sortes, certains enflammés. Peu de rescapés s'en réchapperont, certains en nageant vers la côte proche. Le commandant de la *Régente*, Thomas Knyvet fait vraisemblablement partie des disparus de son navire.

Hervé de Portzmoguer, n'a d'autre issue que de se jeter à l'eau, et se serait noyé, en raison du poids et de la gêne de son armure.

D'après les écrits des historiens, les bateaux anglais valides auraient secouru les rescapés, dont des Bretons emmenés comme prisonniers. D'après un témoin (source 4) du nom de Hamon du Louet, sieur de Kerlouan, gentilhomme du Léon : « *...le jour de Saint-Laurens ...bien près du raz de Saint-Mahé ...et combattirent jusqu'à la nuit de sorte qu'ils s'entre brûlèrent tous deux et tous ceux qui dedans étoient moururent sinon bien peu qui s'échappèrent à force de nager .... Et estime-t-on qu'il en mourut d'Anglais environ mille trois cents personnes et de Bretons environ cinq cents*[19]

---

[19] La source 4 estime que ce chiffre est minimisé pour les Bretons, sachant qu'en effet, il devait y avoir environ près de mille personnes à bord de la Cordelière.

La Cordelière et la Régente en perdition
Peinture de Pierre-Julien Gilbert - 1838

Pierre-Julien Gilbert (1783-1860) est un peintre de la Marine, originaire de Brest. Ses œuvres sont nombreuses sur le thème des batailles navales. Le tableau ci-dessus du combat de la Cordelière était la propriété de la Société d'Emulation de Brest.

3 – Le récit (imaginaire) d'une rescapée du naufrage
« *Eloïse de Kerdoncuff échappe à la mort* »

« **A drugarez Doué** ! Merci Mon Dieu. Ma vie est sauve.

Emportée par ce combat naval d'une rare violence, soudain un grand fracas nous a étourdis et a déchiré nos tympans. Les poudres et autres munitions ont explosé, brisant les bateaux dans lesquels elles étaient en soute entreposées, tandis que des flammes ont jailli de toutes parts. C'est alors que *La Cordelière*, notre cher et valeureux vaisseau, s'est dérobée sous nos pieds, et nous avons été aspirés dans les flots. Où étais-je, à cet instant ? Cachée, à l'arrière, dans la dunette, à l'abri des flèches et autres projectiles enflammés lancés pas ces hordes d'Anglais venus nous batailler avec leurs navires.

Je flotte, je ne sais par quel miracle, accrochée au morceau de bois qui s'est détaché de cette dunette, et avec lequel j'ai fait corps dans ma culbute. J'ai mal aux mains ; elles sont ensanglantées, et, au contact de l'eau de mer, la douleur me torture. Il me souvient : j'ai serré très fort avec mes ongles, je n'ai pas voulu lâcher cette planche de salut.

Ma robe a du amortir ma chute dans l'eau ; c'est pourquoi je n'ai pas été entraînée avec le bateau dans les profondeurs, ce trou noir qui m'aurait ensevelie. D'y penser, j'en ai la chair de poule, à moins que ce soit la sensation de froid qui me fasse trembler. Mes oreilles bourdonnent, j'ai l'impression que du sang s'en échappe. Une odeur de brûlé me suit, mes cheveux ont été touchés par le feu, heureusement sans conséquences.

La mer n'est pas si froide. Ne sommes-nous pas en août ? Oui, dans la nuit qui a suivi ce jour maudit de la Saint-Laurent (« *qui a péri par le feu* » : mauvais présage), le 10 août 1512. La lueur de la lune est pâle ; en cette période du mois, les marées sont faibles, c'est la **mor-marv**. Heureusement le ciel est étoilé ; cela me permet de distinguer tout ce qui m'entoure. Comme moi, d'autres rescapés se retiennent à des débris flottants. Je perçois faiblement leurs cris de terreur, leurs plaintes, leurs râles. Hélas, je ne suis d'aucun secours à ces pauvres malheureux. Mon environnement marin est ainsi parsemé d'objets de toutes sortes où l'on peut entrevoir des corps humains, certains encore en vie.

Puis-je atteindre la côte qui me semble proche ? Ai-je la force de nager, de pousser mon bout de bois pour parvenir jusqu'au rivage ? Vers quel endroit me diriger ? Les rochers, que je devine, sont distants de quelques centaines de pieds. Il s'agit des Rospects, je les reconnais. Ou bien, par le courant qui semble pousser vers la sortie du goulet, je pourrai m'échouer près des rochers de la pointe Saint-Mathieu, ou encore de ceux de la pointe du Pencer. Je connais parfaitement ce coin de terre et de mer, **douard ha vor**. Avec mon cher papa, dès les beaux jours, nous venions, à marée basse, pêcher les crabes, les étrilles, en soulevant les cailloux. Je m'amusais aussi à me cacher dans le goémon pendant que des paysans s'évertuaient à le ramasser pour enfumer leurs jardins potagers, ou derrière des rochers, jusqu'à ce que mon père, inquiet de ne plus me voir, m'appelle avant la montée de la marée. Cher papa, courageux marin embarqué, il y a onze ans, sur *La Cordelière*, alors commandée par Jacques Guybé, seigneur du Duché de Bretagne, qui, intégrée au sein d'une escadre de la ligue chrétienne, a tenté de chasser les Turcs de l'île de Mytilène en mer Egée. Hélas, papa n'est pas revenu, il repose en paix dans les profondeurs de cette mer, loin des rivages bretons de son pays natal. Peu de mois plus tard, maman en est morte de chagrin.

Les premiers temps de son deuil ont été difficiles, je l'ai réconfortée du mieux que j'ai pu, avec l'aide de notre abbé Moal.

J'ai été invitée, moi Eloïse de Kerdoncuff, fille unique de la famille Kerdoncuff, à embarquer sur *La Cordelière*, au mouillage au quai d'honneur du port de Brest, et à le visiter sous la conduite d'Hervé de Porsmoguer, son commandant, en souvenir de mon père. C'était la première fois que je mettais le pied sur un navire de cette splendeur, de mille tonneaux, gréé de deux mâts principaux portant des voiles carrés et les armoiries herminées du Duché de Bretagne. J'ai été impressionnée par la majesté des lieux. Je garde en moi, l'odeur des bois et des cordages, certains enduits de suif, mais aussi celle moins agréable émanant des fonds de la cale. Au cours de cette visite, Hervé (mon maître, je veux t'appeler par ton si doux prénom), notre brillant amiral de la flotte bretonne, m'a prise par le bras pour me dire combien il était heureux de me connaître, car il avait été instruit des travers de cette guerre menée au fin fond de la méditerranée et des souffrances endurées par les marins bretons. J'en ai été émue aux larmes. Cher Hervé, marin d'exception, au tempérament de corsaire, choisi par notre Reine Anne de Bretagne, pour commander cette magnifique caraque qui, ayant porté le nom de *Marie la Cordelière*, s'appelle maintenant la *Cordelière.*

La veille, en fin d'après-midi, Hervé décide de faire partager à ses invités un exercice de navigation par une courte sortie en mer. Alors que nous voguions vers le débouché du goulet de Brest, les vigies juchées dans les vergues dénombrent plus d'une vingtaine de bâtiments anglais, venus, une nouvelle fois, semer la terreur sur nos côtes et piller nos biens. J'ai retenu les noms des principaux : le *Sovereign*, le *Regent*, le *Mary-James* et le *Marie-Rose*. Notre armada franco-bretonne, moins nombreuse, engage toutefois le combat dans des conditions périlleuses. Notre nef de tête, *La Louise*, portant la marque de l'amiral René de Clermont, bat en retraite. Les Anglais ont le dessus et encerclent *La Cordelière* qui crache le feu et les boulets sur ses assaillants. Dans ma cachette, j'ai prié de tout mon cœur : « *Vierge Marie, Saint-François d'Assise, vous qui êtes vénérés par Anne, venez au secours de la Cordelière et d'Hervé* ». La cause est perdue. Soudain, j'aperçois le *Regent* et la *Cordelière* bord à bord…le *Regent* reçoit des torches enflammées…les deux navires sont maintenant en feu…c'est l'explosion.

Je ne sais ce qu'est devenu Hervé …a-t-il péri, emporté dans les flots ou atteint par le feu, le **tan**, comme Saint-Laurent ?

Toutes ces pensées me vont oublier la détresse dans laquelle je me trouve ; mais je ne veux pas abdiquer, courage….encore courage. Je m'agite, je remue mes jambes. Je tente, tantôt avec mon bras gauche, tantôt avec mon bras droit, de faire des mouvements de pagaie. J'approche tout doucement de la côte que j'identifie comme une petite grève entre les Rospects et la pointe Saint-Mathieu. J'aperçois sur la falaise des lanternes allumées, brandies par des gens, des **tudoù**, venus à notre secours.

Encore un effort, je suis harassée. Mes pieds glissent sur les algues, butent sur les rochers…j'ai perdu mon bout de bois… je vais me noyer…j'avale des gorgées d'eau de mer…je m'efforce à vomir ce que j'ingurgite…je suis tirée sur les galets du bord de grève… puis on m'étend sur le sable…quelqu'un, un homme, une femme, je ne sais pas, est à mes côtés…. je tremble de froid… je pleure… je sens une langue râpeuse sur mon visage… un chien.

Je m'endors…avec l'image de Vierge Marie ancrée en moi, ma fidèle **Gwerc'hez Vari**. »

4 - La gloire pour Hervé de Portzmoguer

Trois écrivains français du début du XVIème siècle ont célébré une glorification du personnage Hervé de Portzmoguer : Humbert de Montmoret, Germain de Brie et Pierre Choque. La source 3 rapporte les chants *(en latin des deux premiers, en français pour Choque qui traduit Brie)* prononcés en son honneur. Cette glorification n'alla pas sans générer du côté des Anglais une polémique. Chaque nation revendiquant une prééminence, tant intellectuelle que militaire, sur l'autre.

Ci-après, quelques extraits de ces chants et poèmes tirés de la source 3 :

D'Humbert de Montmoret

L'Hervéide de Frère Humbert de Montmoret

Neptune, grand maître de l'Océan de Calédonie[20]
Qui règnes sur la haute mer, et vous toutes
Les divinités de la mer qui avez vu les flammes dévorantes sur la plaine liquide,
Tandis que j'écris l'incendie qui embrasa la Cordelière,
Rappelez-moi le magnanime chef qui, vainqueur
Des troupes barbares, ne fit point brisé par le glaive, ni par des armes puissantes
(Bretons, hélas, pleurez ce héros !), mais brûlé, dans les flots
Se précipita encore casqué, et dévoilez-moi la cruauté des
Anglais que leur fureur a entraînés dans les combats sauvages.
Et toi, gloire et protection des poètes, à ton poète
Donne ton appui, Anne : sous ta protection, j'irai,
J'irai, prophète dont les Anglais vaincus se souviendront.
Quand le chef porteur de Lys renversa avec sa solide épée
Les chefs des Latins et des Vénètes, quand Ravenne
Vaincu fit l'épreuve des troupes françaises et quand Brescia enfin
Fit la dure expérience des lys français dans ses murs captifs,
Le tyran anglais, faisant avec le peuple espagnol
Alliance, conçut (Erinnys[21] excitait son esprit)
Une haine cruelle envers les Français, et le pays rutupin[22]

---

[20] Partie septentrionale de la Bretagne.
[21] Déesses violentes.
Erinnyes : nom des trois furies dans la mythologie grecque.
[22] Le pays breton, du temps de l'Antiquité.

Vit avec stupeur les armes acharnées entrer aussitôt en effervescence.

.....

De même, la flamme répandue consume la Régente abasourdie.
Hélas ! les navires périssent, tous deux, et au milieu
De la mer les bois des vaisseaux brûlent de feux mortels.
Mais Hervé, comme il ne restait plus désormais aucun espoir de salut,
Se précipita tout armé dans le tourbillon des flots.

De Germain de Brie d'Auxerre
Hervé ou l'incendie de la Cordelière
Le héros magnanime qui osa tenir tête aux adversaires Anglais,
Hervé, qui, oubliant la peur de la mort menaçante,
Préserva les pénates de ses pères du fléau de l'ennemie,
Voici l'objet de mon chant, et aussi la Cordelière qui, au milieu des flots,
d'un feu Inextinguible fut consumée.
Je vous prie, inspirez-moi tandis que je chante,
Filles de Nérée ; vous avez vu en effet, et vous avez été effrayées, au noir
Chaos revenir toutes choses et la plaine liquide entremêlée de flammes.

...

L'Angleterre, observant d'un œil hostile tes heureux
Succès, Louis, et, sur un large espace, à travers toute
L'Insubrie[23], les villes domptées par tes armes victorieuses,
Change une sainte paix en haine cruelle et ose
Armer ses mains avides de sang et appareiller sa flotte
Maritime et, quoiqu'ils lui soient unis par un commun traité,
S'abattre sur les Français (action indicible !), parjure, dans une guerre injuste.

....

Quand soudain contre la flotte ennemie se dressa sur la mer,
Porté par la Cordelière et accompagné d'une petite escorte,
Le valeureux Hervé : Hervé à qui, entre tous, la sage
Reine Anne avait confié la direction de sa flotte et toute
Autorité. Lui, ni la foule nombreuse des carènes

---

[23] Région de Lombardie, en Italie.

Calédoniennes, ni la plaine liquide couverte de vaisseaux
Ne l'effrayaient. Prêt sur-le-champ à attaquer l'ennemi au corps à corps,
A l'assaillir et le combattre flanc contre flanc,
Il pousse au milieu des flots et expose sur la mer découverte
La Cordelière. Celle-ci vole et percute les navires
(Au fur et à mesure qu'ils s'offrent à elle),
Les engloutit dans la haute mer et dans les flots
Les ensevelit. Alors, elle vire de bord en apercevant la Régente,
Le navire amiral des Anglais, elle le suit et le met en fuite.

Le cénotaphe d'Hervé

Du magnanime Hervé les mânes et le nom vénérable
Sous cette pierre sont préservés, cependant elle n'abrite pas ses os.
Osant en effet affronter la flotte nombreuse des Anglais
Qui, attaquant, déjà était proche du rivage de la patrie,
Transporté par la Cordelière, vaisseau royal,
Il vainquit complètement les Anglais dans un cruel combat,
Il brûla dans l'incendie de la Cordelière, et en mourant
Sauva la patrie sur le point de tomber d'une totale destruction.

Autre traduction (par source 21)
Du magnanime Hervé, cette pierre honore les Manes et le nom vénérable
sans toutefois recouvrir ses ossements.
Il osa affronter la flotte nombreuse des Anglais qui, assaillante,
était déjà proche du rivage de nos pères.
Embarqué sur le vaisseau royal La Cordelière,
après avoir d'abord triomphé des Britanniques
dans un féroce combat rapproché,
Il brûla dans les flammes de La Cordelière
et son anéantissement suprême dans la mort
sauva la patrie chancelante.
L'antiquité admire deux Décius, mais notre temps
en possède un qu'il peut comparer à ces deux.

De Pierre Choque, dit Bretagne, premier Héraut et l'un des rois d'armes d'Anne de Bretagne, reine de France.

Le combat et l'embrasement de la nef Marie-la-Cordelière.
(Poème traduit du latin de Brice)

...

De Herveus qui s'est voulu instruyre
A batailler contre Angloys orgueilleux
Lequel en faict n'a esté paresseux ;
Mais sa grande nef, Hervea appelée
Pour son beau nom et grande feaulté,
Dicte partout, pour sa grant dignité,
Cordelière de parfaicte excellence,
Pour augmenter son bruyt et renommée,
A mys en mer pour surté et deffence.

...

Rondeau composé par ledit translateur exhortant de l'honneur dudit Portzmoguer.

Loyal Breton, pareillement Françoys,
Remercye de Portzmoguer l'audace ;
Son vouloir fut des aultres l'oultrepasse,
Dont en tout lieu on l'a cogneu françoys.
Suz nobles cueurs amplement le recoys
En suppliant que nul son nom d'efface :
Loyal Breton.

(Voir également en Annexe 3 la chanson de Théodore Botrel (1868-1925, auteur, compositeur, interprète français, d'origine bretonne) sur le combat de la Cordelière et de son capitaine Hervé de Portzmoguer)

5 - Questions sur la date du combat naval de la Cordelière devant Saint-Mathieu et sur son caractère légendaire

5.1 – Les sources

La source 9 « *Histoire de la Bretagne* », dans son quatrième tome (1364-1515) en page 605, évoque, en quelques lignes, le combat de la *Cordelière*, « *commandé par un Breton Hervé de Primoguet ou plus exactement Portzmoguer, avec la flotte ennemie, le 10 août 1513* », alors que les textes parus plus tard, inspirés vraisemblablement de textes anciens donnent comme date : le 10 août 1512. Qu'en est-il exactement ?

La source d'origine, si l'on peut dire, aurait pu être l' « *Histoire de Bretagne* » par Dom Lobineau. Toutefois, en lisant la préface de cet ouvrage, on apprend qu'avant cette « *Histoire de Bretagne* », il y en a eu trois autres, celle d'Alain Bouchard, intitulée « *Les grandes chroniques de Bretagne* », celle de Pierre Le Baud, composée la première fois par l'auteur, pour le Seigneur Derval et de Châteaugiron, et puis mise sous une autre forme, pour être présentée à la Reine Anne de Bretagne ; enfin celle de Bertran d'Argentré. Il est question également d'autres ouvrages, écrits par des religieux, tels le Père Augustin du Paz, religieux dominicain ou le Père Albert le Grand de Morlaix. Toutefois, on remarquera que Dom Lobineau ne manque pas de se référer à Alain Bouchard et à Bertran d'Argentré. On pourrait donc en déduire que le travail initial d'historien est plutôt à mettre au crédit d'Alain Bouchard[24].

Voyons ce qu'ont écrit ces historiens.

5.2 - Extrait (pages 273-274) de « Les grandes chroniques de Bretaigne[25] » composées en l'an 1514 par Maître Alain Bouchart.

Après transposition en français de nos jours.

« *Durant ce temps, en l'an 1513, le roi Henri d'Angleterre, fils du roi Henri VII ....va en Flandres pour avoir force harnois (armures médiévales), artillerie et autres munitions de guerre, et principalement treize grosses pièces d'artillerie...et fait faire les préparatifs, force de navires...nécessaires à la guerre.*

---

[24] Car, il faut bien admettre que tous les documents qui sont parus plus tard, s'en sont inspirés.
[25] En vieux français.

Ainsi le roi d'Angleterre envoie vers la Bretagne, son navire amiral, accompagné de plusieurs grands navires, et principalement vingt grands navires où se tient l'amiral d'Angleterre, pour écumer la mer le long de la côte de Bretagne. Voyant la chose, les Bretons et les Français, qui n'étaient pas assez forts pour résister contre les nefs et navires et leurs équipages, sont pris au dépourvu. Cependant, apparaît le vaillant capitaine de mer breton, nommé Primoguet, lequel est capitaine d'une grande nef nommée la Cordelière, *que la reine de France a fait construire en la ville de Morlaix, en basse Bretagne, depuis peu de temps, et qui a coûté beaucoup d'argent. Le dit Primoguet, loyal serviteur de la Reine et animé d'un grand courage va montrer de quel amour il aime les Anglais. Car, partant de Brest, le premier, par une grande hardiesse, il attaque la plus grande nef d'Angleterre nommée la* Régente, *qui était plus grande que la Cordelière. Il y eu plusieurs pièces d'artillerie échangées de part et d'autre, puis en continuant la bataille au plus près, ces deux navires vont s'agripper entre eux. Mais, un marin de la Cordelière qui était en la hune, lance vers la Régente des objets enflammés qui mettent le feu aux poudres et salpêtres, provoquant le feu des deux navires, et la mort de l'amiral anglais et de ses gens. Le capitaine Primoguet, voyant le feu si près de lui, et n'ayant aucune solution de secours, se jette à la mer tout armé et se noie. ...*

Le reste des autres navires s'enfuient haut la voile. La grande nef de France se dirige vers l'Angleterre sans grands encombres à ses ennemies, car elle est épouvantée de voir ce grand et horrible feu. ...Alors que la nef de Dieppe est en danger d'être perdue par les attaques des Anglais, trois ou quatre navires du Croisic viennent à son secours. Au final, les Bretons mettent en fuite les Anglais qui étaient accompagnés, au début de trente ou quarante hourques de Flamands, lesquels qui allaient au sel ont été arrêtés par les Anglais pour qu'ils viennent les appuyer. Ce fut fait le jour de Saint-Laurent, au mois d'août 1513. Le grand navire de France, sur sa lancée, pour raviver son honneur, va descendre en quelque lieu d'Angleterre piller quelques petits villages. Par revanche de ce méfait, les Anglais vont, quelque temps après, faire une descente en basse Bretagne, près de Penmarch, et brûler plusieurs maisons et villages....

5.3 - Extrait (pages 833 et 834) de « Histoire de Bretagne » par Dom Gui Alexis Lobineau, prêtre, religieux bénédictin de la Congrégation de Saint-Maur.

Après transposition en français de nos jours.

« *La flotte anglaise commandée par Edouard Havart grand amiral d'Angleterre, ayant aperçu quelques galères de France que commandait (nos auteurs disent) Pregent capitaine français (les auteurs anglais disent Jean Walco Chevalier de Rodes) les poursuivit jusqu'aux côtes de Bretagne. L'amiral d'Angleterre fut tué le 25 avril (**il est mentionné 1513**) dans le combat...., et la charge fut ensuite confiée à Thomas Havard, son frère, par Henri VIII.*

Il n'y a pas peu d'embarras à accorder les auteurs différents qui ont parlé de ce combat et de celui du capitaine Primoguet que l'on va rapporter. **S'il est difficile de les accorder sur l'ordre chronologique des deux combats, il n'est pas plus aisé de dire qui était ce capitaine Primoguet.** *Ce nom paraît corrompu (erroné) ; ce ne peut être un surnom de Thenoüenel, qui était effectivement à la tête de la flotte de Bretagne ; puisqu'il s'appelait Jean, et que d'Argentré donne le nom de Hervé à Primoguet, il reste à dire que ce pourrait être le nom de Porfmoguer, défiguré. Quoi qu'il en soit, le capitaine Primoguet se signala contre les Anglais d'une manière qui fait honneur à la Bretagne.*

Une flotte anglaise ayant paru à la vue des côtes de Bretagne, dans un temps où les Bretons ne l'attendaient pas, donna l'assaut à quelques vaisseaux. Primoguet, qui était capitaine d'un gros navire appelé la Cordelière, *que la reine avait fait construire à Morlaix avec beaucoup de dépenses, fut le premier qui se trouva en état de tenir tête aux Anglais. Il sortit courageusement, le 10 août (***1513, d'après le texte***), du port de Brest, jusqu'où la flotte de Bretagne avait été attaquée par les Anglais, et alla attaquer le navire amiral anglais nommé la* Régente, *qui était beaucoup plus fort que la* Cordelière. *Il fut aussitôt suivi d'environ vingt vaisseaux, tant de Bretagne, que de Dieppe ; mais les ennemies en avaient quatre-vingt ou davantage, leur flotte ayant été grossie par la jonction de trente ou quarante Hourques flamandes qui allaient au sel, et qui avaient été arrêtées par les Anglais. La* Régente *et la* Cordelière *se tirèrent d'abord plusieurs bordées ; ensuite Primoguet accrocha le navire amiral anglais, et l'on en vint à l'abordage. Le chef des ennemies fut blessé, et il y eut de part et d'autre un très rude combat.....quelqu'un qui était dans la hune de la* Cordelière, *jeta le feu dans la* Régente. *Le feu prit aux poudres, le vaisseau anglais fut consumé, et tous ceux qui étaient dessus périrent. Le feu ne fut pas longtemps sans gagner le vaisseau de Primoguet, qui ne voyant plus de remède à ce malheur, aima mieux mourir dans l'eau que dans les flammes, et se jeta tout armé dans la mer, où il fut noyé, sans qu'on put le secourir ; ce qui fut une grande perte, non seulement pour la province, mais encore pour tout le royaume. Les vaisseaux de Dieppe furent extrêmement endommagés par le feu des ennemies, et étaient en danger d'être pris, si trois ou quatre navires bretons du Croisic n'étaient venus au secours, et n'avaient donné la chasse aux Anglais. Cette action de vigueur, et l'incendie des deux vaisseaux, fit prendre la fuite aux ennemis, qui furent poursuivis par la flotte de France et de Bretagne, qui fit une descente en Angleterre et pilla quelques villages.*

Peu de temps après, les ennemis, pour avoir leur revanche des désordres que les Français et les Bretons avaient fait en Angleterre, firent une descente auprès de Penmarch, brulèrent plusieurs villages, après les avoir pillés, tuèrent et violèrent ; et menacèrent d'étendre encore leur vengeance plus loin, si le Grand Maître de l'Hôtel de Bretagne ayant assemblé les communes en diligence, ne les eut contraint de regagner leurs navires.

Voilà à peu près comme les auteurs français et bretons ont rapporté ce combat. Les auteurs anglais disent que Henri VIII, ayant été averti que les Français avaient une flotte pour tenir la mer et faire descente sur les côtes d'Angleterre, donna ordre à Edouard Havard (il faudrait plutôt dire Thomas) de courir les côtes, d'écarter la flotte ennemie, et de la combattre, si l'occasion s'en présentait ; qu'il y avait dans l'armée navale d'Angleterre deux gros vaisseaux de premier rang, commandés, l'un par Charles Brandon Chevalier, et l'autre par Thomas Chenevet aussi Chevalier, mais qui avait plus de courage que d'expérience ; que ces deux capitaines ayant pris le devant, Charles Brandon, qui s'était le plus avancé, aperçut à l'entrée du port de Brest un vaisseau monstrueux qui était à l'ancre, et alla l'attaquer, sans en avertir l'amiral ; qu'il fut reçu avec autant d'hardiesse qu'il en montrait, et démâté à coups de canons, ce qui l'obligea de reculer, et donna lieu à Thomas Chenevet de prendre la place, suivi d'une seule chaloupe ; que les Français accrochèrent son vaisseau, et que l'on se battit main à main, avec un courage égal de part et d'autre, jusqu'à ce que la chaloupe de Chenevet ayant percé le vaisseau français à coups de canons, et l'ayant fait prendre eau de toutes parts, quelqu'un de ceux qui étaient dessus ce vaisseau, qui s'enfonçait peu à peu, s'avisa d'y mettre le feu, afin de faire aussi périr le navire de Chenevet ; que les deux vaisseaux furent consumés, et que la plupart de ceux qui étaient dessus périrent malheureusement, avec plus de perte cependant du côté des Français que du côté des Anglais, puisque ceux-là y perdirent plus de mille hommes, et ceux-ci guère plus de six cents. »

6 – Conclusion

On l'aura compris, le présent texte est guidé par un certain nombre de documents, dont certains correspondent à ce que l'on pourrait appeler les sources d'origine, dans lesquelles on mettra les documents N° 9 à 14. D'autres documents, tels ceux N° 4 et 5 font état d'autres sources complémentaires, que je n'ai pas cherché à me procurer. Il est incontestable que les écrits d'Alain Bouchart, contemporain des années de règne d'Anne de Bretagne, doivent être considérés comme la référence. C'est ainsi, par exemple, que les écrits de Dom Lobineau (source 10) paraissent être largement influencés par ceux d'Alain Bouchard.

Un doute subsiste sur la date des combats. Alain Bouchart et Dom Lobineau la fixent au 10 août 1513, alors que les autres historiens la situent, un an avant, soit le 10 août 1512. Jakez Cornou (source 4) justifie de retenir cette dernière date par l'argumentation suivante (page 39 de son ouvrage) : « *Le problème est la présence de l'amiral anglais Edward Howard à la bataille de Saint-Mathieu. Il ne pouvait y être le 10 août 1513 puisqu'il est mort sur une galère à la bataille des Blancs Sablons le 25 avril de cette même année. Cette date est acceptée par tout le monde car on sait que Prégent de Bidoux est arrivé en Bretagne en mars 1513. Comme de plus les historiens anglais reconnaissent la présence de leur flotte le 10 août 1512 à Saint-Mathieu, il nous semblé logique de suivre ce raisonnement.*

Rappelons toutefois qu'il n'est pas toujours aisé d'établir des dates fiables car tous les pays n'adoptèrent pas en même temps le calendrier grégorien de 1582, principalement les pays non-catholiques. Jusque là, chacun avait sa façon de calculer. Donner une date commune antérieurement à 1582 est un exercice difficile. »

Ajoutons que le calendrier Julien est en retard de 13 jours sur le calendrier grégorien, conçu par un collège de scientifiques au XVIème siècle sous la conduite du pape Grégoire XIII, ce qui complique encore plus la chose.

En conclusion, compte tenu du raisonnement de Jakez Cornou, on ne peut plus crédible, j'ai retenu, comme tous les auteurs de ces dernières années, le 10 août 1512, pour la bataille de la *Cordelière*, et le 25 avril 1513 pour la mort de l'amiral anglais à la bataille des Blancs Sablons. Cependant subsiste un doute dans mon esprit : est-il possible que la réception à bord des invités, la virée en mer, le branle-bas du combat, la bataille navale, l'incendie des deux navires accrochés l'un à l'autre, les noyés en mer, le secours aux rescapés ..., bref que tous ces événements, chronologiquement se succédant, se soient passés le même jour, à la Saint-Laurent (martyr par le feu) du 10 août 1512[26] ?

---

[26] De nos jours, la Saint-Laurent tombe encore un 10 août.

Dans l'hypothèse où cette bataille navale est désormais inscrite le 10 août, il me paraît plus plausible de considérer que la réception des invités de la *Cordelière* amarrée dans le port de Brest se soit déroulée la veille, soit le 9 août, en fin de matinée ou dans l'après-midi (sur le magazine « Cols bleus » du 8 août 1953, un article est consacré à « Primauguet », « le marin de la semaine », on peut y lire : « *Dans la soirée du 9 août, il y avait à bord, de nombreux invités, dames et gentilshommes, quand il fut averti de l'approche au large de Brest de la flotte anglaise…* »).

Commentaire

J'avoue qu'au fur et à mesure de mes lectures, j'ai été passionné par le sujet. J'ai redécouvert des pans d'histoire un peu oubliés ou pas du tout connus. Ce que j'en retiens ? Outre le récit du combat naval de la Cordelière, face à l'ennemi anglais, somme toute assez étrange du fait de la présence d'invités « civils », pris au piège à bord du navire, mais aussi de la croisade de ce navire, en Méditerranée, face aux Turcs de Mytilène, c'est l'extraordinaire enchaînement des mariages, dont ceux des veufs et des veuves, tous imposés au gré des intérêts des royaumes (précisément de France et d'Angleterre), certains programmés dès la naissance des enfants, puis annulés parce que contraires aux intérêts du moment, souvent avec la complicité des papes ; et celui des enfantements à répétition d'Anne de Bretagne, morte relativement jeune à 37 ans, vraisemblablement fatiguée par ses nombreuses grossesses.

Les Annexes

Annexe 1
Bibliographie/Sources

1 - « Histoire de la Marine française » par Claude Farrère
Flammarion (1934)

2 – « Du Ponant au Levant – Histoires de Marine et de ports » par l'amiral Henri Darrieus
Editions de l'Egalité (juin 2009)

3 – « L'écriture épique au début de la Renaissance - L'incendie de la Cordelière » - par Humbert de Montmoret, Germain de Brie, Pierre Choque - Textes présentés et traduits par Sandra Provini
Rumeur des Ages (2004)

4 – « Aventures de mer - L'héroïque combat de la Cordelière 1512 » par Jakez Cornou
Editions Sked (3e trimestre 1998)

5 – « Le dernier combat de la Cordelière » par Max Guérout
Le Serpent de Mer (mai 2002)

6 – « Biographie universelle, ancienne et moderne…. », rédigée par une société de gens de lettres et de savants
Chez L. G. Michaud, imprimeur libraire (1817)

7 – « De Brest au Conquet, par le Chemin de Fer Electrique » par Louis Coudurier
Imprimerie commerciale de la « Dépêche » (1904)

8 – « Brest porte océane » par l'amiral Lepotier
Editions France-Empire (1968)

**9 – « Histoire de Bretagne » par Arthur Le Moyne de la Borderie (membre de l'institut) continué par Bathélemy Poquet (lauréat de l'Académie Française)
Librairie générale de J. Plihon et L. Hommay – Imprimerie H. Vatar – M.CM.VI (1906)**

10 - « Histoire de Bretagne » par Dom Gui Alexis Lobineau, prêtre, religieux bénédictin de la Congrégation de Saint-Maur.
Editions du Palais Royal – M.DCC.VII (1707)

11 - « Fastes et malheurs de la Bretagne ducale 1213-1532 » par Jean-Pierre Leguay/Hervé Martin
Editions Ouest-France (1997)

12 – « Les Grandes Chroniques de Bretagne » composées en l'an 1514 par Maître Alain Bouchart
Nouvelle édition publiée sous les auspices de la Société des Bibliophiles Bretons

Caillière, Libraire-Editeur - M. DCCC. LXXXVI (1786)
Imprimé le 10 mai 1889
13 – « Biographie bretonne (recueil de notices sur tous les Bretons qui se sont fait un nom) » par P. Levot
Cauderan, libraire-éditeur (1857)
14 – « Marie la Cordelière » (XVIe siècle) - Etude pour une histoire de la marine française, par M. A. JAL historiographe de la marine
Extrait des annales maritimes et coloniales
(Décembre 1844)
Paris – Imprimerie royale
M DCCC XLV (1845)
15 – « La Bretagne » par Jules Janin
Ernest Bourdin, éditeur (1862)
16 - « La pointe St-Mathieu, le cap, l'abbaye, l'ancienne ville et le phare Saint-Mathieu » par Henri Urscheller
Imprimerie A. Dumont (1892)
17 – « Histoire de la réunion de la Bretagne à la France » par A. Dupuy
Paris Librairie Hachette et Cie (1880)
18 – « Cols bleus » du 8 août 1953
19 – « Armée d'aujourd'hui » de janvier/février 1983 – N° 77 – Article en pages 69 à 71, par Jean Labaye-Couhat
20 – « Les cahiers de l'IROISE » N° 2 d'avril/Juin 1955 – Article en pages 14 à 19, par Georges G. Toudouze de l'Académie de Marine
21 – « Les cahiers de l'IROISE » N° 1 de janvier/mars 1988 – Article en pages 56 à 57, par A. P. Ségalen

Nota : *les documents soulignés en gras peuvent être considérés comme documents sources d'origine.*

Annexe 2
Chronologie (1461-1516)

Dates	France	Un peu du reste du monde
1461	Mort de Charles VII (58 ans), son fils Louis XI, né le 3 juillet 1423, lui succède.	A partir de 1461 : l'Asie Mineure est assujettie au sultan Mohamed II
1481	Louis XI recueille en entier l'héritage de la maison d'Anjou (Anjou, Maine, Provence).	
1483	30 août : mort de Louis XI (60 ans), son fils Charles VIII, né le 30 juin 1470, lui succède. Mais Anne de Beaujeu, sa fille ainée, née 9 ans plus tôt, en avril 1461, assure la gouvernance du royaume, jusqu'à la majorité de son frère.	
1488	Anne de Beaujeu triomphe d'une dernière ligue féodale, soutenue par des ennemis étrangers du roi de France, appelée : *la guerre folle* (« entreprise vouée à l'échec ») commencée en 1485. 9 septembre : mort de François II (55 ans), Duc de Bretagne. Sa fille Anne, née le 25 janvier 1477, hérite du Duché.	
1491	Mariage de Charles VIII (21 ans) avec Anne de Bretagne (14 ans), préparant la réunion du duché de Bretagne à la couronne de France.	
1492/ 1504		Voyages de Christophe Colomb Découverte de l'Amérique.
1494/ 1495	Charles VIII revendique le royaume de Naples comme héritier de la maison d'Anjou. Il se lance dans des guerres d'Italie, et conquiert puis perd le royaume de Naples.	
1498	8 avril : mort de Charles VIII (28 ans). Louis XII, né le 27 juin 1462, de la branche d'Orléans, lui succède.	
1499/ 1500	Louis XII conquiert le Duché de Milan.	
1501	**22 au 29 octobre : échec d'une escadre/ ligue chrétienne, comprenant la *Cordelière*, pour déloger les Turcs de l'île de Mytilène.**	
1501/ 1505	Louis XII est en échec dans sa conquête du royaume de Naples.	

1509		Henri VIII succède, en Angleterre à son père Henri VII de la maison Tudor
1512	Louis XII perd le Milanais **10 août : Combat naval mettant aux prises la nef franco-bretonne la *Cordelière* d'Hervé de Portzmoguer avec les navires de l'escadre anglaise venue guerroyer près des côtes bretonnes du Conquet.**	
1513	**Avril : Pregent de Bidoux met en déroute la flotte anglaise de l'amiral Hovard, près des côtes bretonnes du Conquet.** Août : défaite de l'armée française face à la coalition germano-britannique à la bataille de Guinegatte (Pas-de-Calais).	
1514	9 janvier[27] : mort d'Anne de Bretagne. 18 mai : mariage de Claude de France (15 ans), fille de Louis XII et d'Anne de Bretagne, née le 13 octobre 1499, avec François 1er (20ans) né le 12 septembre 1494, fils de Charles d'Orléans, Duc d'Angoulême, et cousin de Louis XII. 9 octobre : mariage de Louis XII avec Marie d'Angleterre, jeune sœur d'Henri VIII, avec pour objectif de se réconcilier avec son frère et l'Angleterre.	
1515	1er janvier 1515 : mort de Louis XII (52 ans). Avènement de François 1er. La victoire de Marignan assure, au nouveau monarque, la possession du Milanais.	
1516		Un chef pirate turc, Aroudj, dit *Barberousse* s'empare d'Alger et étend sa domination sur l'Algérie.

---

[27] De la source 16, il est dit en page 426 qu'Anne de Bretagne est morte le 25 janvier 1513 : autre erreur de date.

Source : « L'histoire de la Bretagne en 50 dates » par Le télégramme (Hors-Série)

Annexe 3
La chanson de Théodore Botrel

Parlé :
C'est une page d'histoire
Qu'au Port-Blanc, l'hiver dernier
A voix basse, en la nuit noire,
Me contait un douanier

I
Durant que nous faisons le guet
Parlons un peu de Primauguet
(bis)
Qui commandait la Cordelière
La frégate armée à Morlaix
Pour faire la chasse aux Anglais !
(bis)

II
Nos gas chantant à cœur perdu,
Abandonnèrent le Dourdu[28].
Ils s'en allaient, la mine fière,
Combattre l'ennemi vainqueur,
L'espoir aux yeux, la haine au cœur !

III
C'est vers la pointe Saint-Mathieu
Que Primauguet, le vaillant fieu[29]
Voyant une frégate anglaise
Fondit dessus comme un vautour :
C'était pour li dire : Bonjour !

IV
Comme on allait prendre d'assaut,
A l'abordage, son vaisseau
Le sale Anglais, mal à son aise,
Nous mit le feu par les deux bouts
Et pris le large au vent à nous !

---
[28] Dourdu : baie de peu d'étendue, située au bas de la rivière de Morlaix.
[29] Fieu : garçon, fils ..

V
La Cordelière au ras du flot
Flambait tout comme un grand brûlot
Pour li rendre sa politesse,
Dit, Hervé, je vas sans délais,
Allumer la pipe à l'Anglais !

VI
Le failli-chien[30] le vit venir,
Fit force-voiles pour s'enfuir…
Hervé le gagnant de vitesse,
Dit : « La mer sera mon linceul,
Mais, je n'y vas pas coucher seul ! »

VII
Et l'accostant par son tribord,
Il y mit la flamme à son bord.
C'est un honneur pour l'Angleterre
D'avoir vu sauter les siens
Avec nos braves Morlaisiens !

VIII
A nos enfants n'oublions pas
De parler des douze cents gas
Sombrés avec la Cordelière,
En entraînant trois mille Anglais !

C'est la devise de Morlaix
« Si les Anglais te mordent…,
mords les !!!

---

[30] Failli-chien : terme de mépris dont les marins des côtes de Bretagne emploient pour caractériser des hommes sans valeur. C'est une insulte.

Annexe 4
Bâtiments de la Marine Nationale ayant porté ou portant les noms de *Cordelière* et de *Primauguet*

Les caractéristiques et les photos de ces bâtiments peuvent être consultées dans des ouvrages de référence ; dans le présent document, on se limite à leurs faits d'armes.

1 - Le torpilleur *La Cordelière*

Le dernier bâtiment qui a porté le nom de *La Cordelière* est un torpilleur mis sur cale aux chantiers Augustin Normand, Le Havre, au mois d'août 1934. Lancé le 2 septembre 1936, il est mis en service en janvier 1938.

La Cordelière, affectée en 1939 aux Forces Maritimes du Nord, à Dunkerque, tient une grande activité, au cours des deux premières années de la guerre jusqu'à l'armistice de 1940, en Manche orientale et en mer du Nord : escortes, patrouilles anti sous-marines.

En patrouille sur les bancs de Flandres, ce torpilleur subit, le 28 mars 1940, les assauts de plusieurs bimoteurs allemands Heinkel 111, ne lui causant aucun dommage grâce à des manœuvres d'évitement. Puis en mai de la même année, il participe à la bataille de l'Escaut, en escortant les Forces Françaises destinées à assurer la défense des îles de Hollande.

Le 19 mai 1940, *La Cordelière*, alors dans le port de Dunkerque, est endommagée par un bombardement aérien allemand, et doit être envoyée à Cherbourg pour réparations.

Le 19 juin 1940, elle rallie Portsmouth, où elle est saisie le 3 juillet par la marine britannique, ainsi que d'autres navires de la flotte française stationnés dans les ports anglais. Elle est alors affectée à la 23ème Destroyer Flottila anglaise.

Restituée après guerre, en novembre 1945, *La Cordelière* est désarmée en février 1950 et condamnée en septembre, peu de temps après.

Citation

Le 24 mai 1940, *La Cordelière* est citée à l'ordre de l'Armée de Mer, par l'Amirauté Française – 3ème bureau - N° 1.197 FMF.3, signé de l'amiral Darlan : « *Sous le commandement du capitaine de frégate de Robinet de Plas (H. A. J.) a vaillamment pris part aux opérations en Mer du Nord lors de l'invasion allemande en Belgique et en Hollande* ».

2 - Les *Primauguet*

Sources : 1 - : fiches du SHD/Brest, établies par le maître principal D. Lemaire, le 3 décembre 1979 – Bro N° 672 à 676 – 2 : ouvrage « Les croiseurs de 8.000 tonnes – Duguay-Trouin ; Lamotte-Piquet et Primauguet – Programme 1922 » par Jean Guiglini et Albert Moreau – Marines éditions.

2.1 – Le premier bâtiment ayant porté le nom de *Primauguet* est un **Brick-Aviso** (navire à voiles de petit tonnage, à deux mâts) du type *Gazelle*, construit à l'arsenal maritime de Toulon. Lancé le 26 septembre 1830, il est rebaptisé *Le Sylphe* le 6 août 1831.

Il navigue en Méditerranée (Espagne, Athènes, Milo, Tunis, Smyrne…) et participe, en juin 1839, au blocus de Buenos-Aires (station du Brésil).

Désarmé en avril 1841, il est rayé de la liste des bâtiments de la Flotte le 11 octobre 1854.

2.2 – Le deuxième bâtiment ayant porté le nom de *Primauguet* est une **corvette mixte** à hélice, construite à l'arsenal maritime de Brest. Lancée le 15 septembre 1852, elle est mise en service le 4 mars 1854

Elle accomplit des voyages de troupes, de 1854 à 1855, entre Toulon et la Crimée durant la guerre de Crimée.

Elle participe à la prise de Saigon du 10 au 17 février 1859, dans la division de l'amiral Rigault de Genouilly.

Quitte Brest, le 5 mars, pour les mers de Chine et du Japon.

Désarmée en 1877, elle est rayée de la liste des bâtiments de la Flotte en 1887.

2.3 – Le troisième bâtiment ayant porté le nom de *Primauguet* est un **croiseur à barbettes**, type *Laperouse*, construit à l'arsenal maritime de Rochefort.

Ordonné sous le nom de *Monge*, le 18 janvier 1877, il est rebaptisé *Primauguet* le 15 septembre 1882, en raison de la disparition « corps et biens » du précédent *Monge* dans les mers de Chine. Lancé le 27 septembre 1882, il est mis en service le 15 décembre 1884.

De 1885 à 1889, il est affecté à la Division Navale d'Extrême-Orient : séjours en Indochine, Chine et Japon (au sein de l'escadre de l'amiral Courbet).

Après des périodes de réserve à Brest, il accomplit des campagnes à Madagascar en 1892, puis au sein de la Division de l'Océan Indien pour des missions de surveillance et d'hydrographie.

Désarmé à Rochefort en 1901, il est rayé de la liste des bâtiments de la Flotte en 1908.

2.4 – Le quatrième bâtiment ayant porté le nom de *Primauguet* est un **petit transport frigorifique** type *Jacques Cœur*, construit à l'arsenal maritime de Brest.

Ordonné par décision ministérielle du 3 mai 1918, il est lancé le 30 avril 1919 et mis en service fin 1939.

Affecté à la Division Navale du Levant, il assure des transports entre Port-Saïd, Beyrouth et la Syrie durant les années 1920 et 1921.

Il est rebaptisé *L'Allier* par décision ministérielle EMG/4 du 26 juin 1922 pour compter du 1er septembre 1922.

Après une période d'indisponibilité armé à Brest de 1922 à 1924, et une affection en Manche jusqu'en 1927, réarmé à Brest en 1929, il assure de nouveau des transports, notamment de vivres, pour les besoins de la division Navale du Levant.

Placé en réserve normale à Landevennec (Finistère) en 1932, il est condamné en janvier 1938, après avoir été placé en réserve spéciale.

2.5 – Le cinquième bâtiment ayant porté le nom de *Primauguet* est un **croiseur de 2ème classe**, type *Duguay-Trouin*, construit à l'arsenal maritime de Brest sur le programme de 1922. Lancé le 21 mai 1924, il est mis en service en octobre 1926.

Après sa traversée de longue durée accomplie d'avril à décembre 1927 en Méditerranée et dans l'Océan Indien, il retourne à Brest, en étant placé en effectif réduit jusque vers la mi-1929 ; il appareille ensuite, en 1930, pour une croisière en Afrique noire et aux Antilles.

De 1932 à 1936, le *Primauguet* marque sa présence en Extrême-Orient (Chine, Indochine et japon). Il retourne fin 1937 dans l'Océan Indien et en mer de Chine, après une période d'arrêt pour carénage à Lorient en 1936/1937. En janvier 1939, il fait partie de la Force Navale d'Extrême-Orient.

Au début de la seconde guerre mondiale, le *Primauguet* remplit différentes missions, dont des transports de troupes d'Algérie vers Marseille, et de surveillance en Méditerranée et dans la mer des Antilles.

Après l'armistice de 1940, le *Primauguet* est affecté aux Forces Maritimes du Maroc. En avril 1942, il fait partie de la 2ème escadre légère stationnée à Casablanca, et porte la marque du commandant de l'escadre, l'amiral Gervais de Lafond.

Le 8 novembre 1942, immobilisé pour réparations, il subit, au tout début de la matinée, une attaque de l'aviation américaine et des tirs des navires de la Task Force 34 de l'US Navy, comprenant le cuirassé *Massachusetts*, les croiseurs lourds *Tuscaloosa*, *Wichita*, *Augusta*, le croiseur léger *Brooklyn* et de nombreux destroyers.

La 2ème escadre escadre légère prise sous le feu américain sort du port, vers 09 heures, l'amiral Gervais de Lafond ayant mis sa marque sur le contre-torpilleur *Milan*. L'équipage du *Primauguet* s'est hâté de rendre navigable son bâtiment pour appareiller et rallier, vers 10h30, l'escadre qui s'est replié vers le port. Le *Milan* et le torpilleur *Fougueux* sont touchés, ce dernier coule à 11h 20. Le *Milan*, mal en point, est incendié ; l'amiral le quitte pour le *Primauguet* qui fait route vers le mouillage, tout en ouvrant le feu sur les croiseurs américains. Mais, vers 14h40, il est attaqué par neuf avions du porte-avions *Ranger*. Touché par plusieurs bombes, le croiseur français est incendié et doit s'échouer. Le bord est évacué à 19h 00 ; le bilan est lourd : on compte 45 morts et plus de 200 blessés.

Citation

Le 15 décembre 1942, le *Primauguet* est cité à l'ordre de l'Armée de mer par ordre N° 22 F. M. .A, du cabinet du vice-amiral Michelier, commandant les Forces Maritimes et Aéronavales en Afrique :

« *Sous le commandement du capitaine de vaisseau L. Mercier, surpris dans le port de Casablanca par l'attaque du 8 novembre alors qu'il était en carénage, et ne disposait que d'une faible partie de ses moyens, a montré la plus belle ardeur en se remettant au plus vite, en état de combattre.*

A appareillé aussitôt paré, s'est engagé contre des forces très supérieures, et a lutté jusqu'à épuisement de ses moyens, malgré de graves avaries, perdant sous les bombes son commandant, les deux officiers qui lui succédaient et un grand nombre d'hommes.

A montré ainsi une vaillance et une opiniâtreté dignes du marin glorieux dont il porte le nom ».

Hommage rendu aux marins disparus du croiseur de 2ème classe Primauguet

Le cénotaphe de la pointe Saint-Mathieu, inauguré en mai 2005, « *assure le développement et le rayonnement du mémorial aux marins morts pour la France* ». A partir du témoignage des familles, l'association « Aux Marins » instruit les dossiers qui lui sont communiqués pour permettre l'apposition d'une photo du marin mort pour la France sur les murs des pièces du cénotaphe, accompagnée, la plupart du temps, de cérémonies du souvenir, avec la présence et l'accord des familles.

Pointe de Saint-Mathieu (Plougonvelin en Finistère)

Esplanade du souvenir

Le monument dédié « aux marins morts durant la Grande Guerre »
a été inauguré en 1927
Cet ensemble se trouve sur « l'esplanade du souvenir » de la Pointe Saint-Mathieu
(commune de Plougonvelin en Finistère) bordé par la mer d'Iroise.

Le cénotaphe
(son entrée Nord-Ouest)

Photos de marins (de différentes unités) morts pour la France sur les murs du cénotaphe. Les fanions bleu-blanc-rouge masquent les photos nouvellement apposées qui vont être dévoilées au cours de la cérémonie du souvenir en présence des familles. Il est possible de localiser les emplacements des 6 marins du Primauguet (voir sur www.memorailnationaldesmarins.fr)

Les 45 marins du croiseur *Primauguet* « morts pour la France », en novembre 1942, ont fait l'objet, de la part de cette association, de travaux de recherche pour contacter les familles de ces disparus. A ce jour 6 dossiers ont pu être instruits. On peut trouver des éléments biographiques et historiques sur ces marins en allant sur le site «www.memorailnationaldesmarins.fr» et en cliquant (après être entré à l'intérieur du site) sur « *Primauguet* » dans la case « bâtiment » : les noms de ces marins apparaîtront.

2.6 – Le sixième bâtiment portant le nom de *Primauguet* est une **frégate anti sous-marine** (D644), type *Georges Leygues*, construite à l'arsenal maritime de Brest.

Lancée le 17 mars 1984, sous la désignation de Corvette, elle est mise en service le 5 novembre 1986. Elle devrait être remplacée par une frégate du type *Aquitaine*, vers 2020.

Elle est parrainée le 26 janvier 1986 par le canton de Saint-Renan (Finistère) qui s'est associé avec celui de Ploudalmézeau (Finistère) pour créer, à cette occasion, une réunion de Communes du Pays d'Iroise (constituant par la suite la « Communauté des Communes du Pays d'Iroise[31] » - C. C. P. I. -) en mémoire du capitaine breton Hervé de Portzmoguer, natif de la région, qui a combattu l'escadre anglaise à bord de son bateau la *Cordelière*, en août 1512, dans les eaux de la mer d'Iroise.

Fanion de la frégate avec la devise (« War vor ha war Zouar » : « Sur mer et sur terre »)

A ce sujet, rappelons qu'en janvier 2009, le commandant du *Primauguet* propose que s'établisse des relations privilégiées entre l'équipage de son bâtiment et les écoles de la Communauté des Communes du Pays d'Iroise. Ainsi, les enfants de certaines écoles ont pu correspondre avec les marins de la frégate, notamment lors de son séjour dans l'océan indien. Elle est équipée d'un sonar remorqué pour la lutte anti sous-marine.

Ce type de frégate, dispose de senseurs modernes et de moyens performants de lutte antinavire et d'autodéfense antiaérienne. Agissant seul ou au sein d'une force interarmées nationale ou multinationale, il a été conçu prioritairement pour la défense anti sous-marine en haute mer, contribuant à la sûreté de la Force Océanique Stratégique.

---

[31] La Communauté des Communes du Pays d'Iroise a été créée en 1992. Sa composition a évoluée dans les années qui ont suivi. Elle comprend aujourd'hui 19 communes de la pointe Nord-Ouest du Finistère, dont Plouarzel le village natal d'Hervé de Portzmoguer.

La frégate *Primauguet* remplit de nombreuses missions, pour les besoins de la Flotte française ou pour ceux de l'OTAN ; et participe à de nombreux exercices interalliés en intervenant notamment dans les Océans Atlantique et Indien, en mer Baltique, ainsi qu'en Méditerranée.

Janvier 2019, cette frégate appareillait de Brest pour une ultime mission opérationnelle en se déployant dans l'Atlantique nord, son retour à la pointe Bretagne étant envisagé pour fin mars 2019[32].

Le Primauguet quittant Brest en janvier 2019
(source Mer et Marine – Michel Floch)

---

[32] Source : « www.meretmarine.com.fr »

Annexe 5
Hervé de Portzmoguer
Cérémonie/Anniversaire de l'été 2012

A l'été 2012, dans le cadre de la commémoration « **Hervé de Portzmoguer en pays d'Iroise** », et de la journée anniversaire (500 ans) du combat de la Cordelière, un hommage était rendu, le 10 août, à l'esplanade du souvenir de la pointe Saint-Mathieu, comprenant l'évocation historique de la bataille navale entre l'armada anglaise et les navires franco-bretons, un temps culturel et poétique, ainsi que des instants de recueillement, avec la participation de l'équipage de la frégate *Primauguet*.

Ci-après 3 photos parmi les 72 photos prises en cette fin de journée sur l'esplanade du souvenir.

(source : www.memorialnationaldesmarins.fr ; blog : amedenosmarins.fr – Cliquer sur « Hervé de Portzmoguer » dans la case « Recherche »)

Équipage du Primauguet au premier plan

La chorale « Les loups de mer de Plougonvelin »
Au fond : le phare, les ruines de l'abaye de Saint-Mathieu, le sémaphore

Esplanade du souvenir (stèle des marins péris en mer inauguré en juin 1927 – A droite : bâtiment du cénotaphe – Au fond, la mer d'Iroise

Annexe 6
Le chemin de mémoire

« Aux Marins » est le nom d'une association « *Reconnue d'utilité publique depuis de 21 mars 2015* », de 2000 adhérents recensés en 2018, au service de la mémoire des marins disparus. Elle gère le Mémorial national des marins morts pour la France (le « Cénotaphe ») de la pointe Saint-Mathieu.

Face à la mer d'Iroise et complétant l'action que l'association Aux Marins mène depuis sa création en 2005 à la mémoire des marins (Mémorial), un chemin de mémoire rappelle le lourd tribut payé à la mer par toutes les marines françaises. Ce chemin, qui fait une boucle de 4 km environ autour de la pointe Saint Mathieu, comporte des stations où, sur des blocs de granit, sont incrustés des panneaux sur lesquels sont inscrits les noms des bateaux disparus avec leurs équipages, quelles que soient les causes du naufrage (combats, tempêtes, événements et fortunes de mer, sauvetage…). La première pierre levée a été inaugurée le 10 décembre 2016.

Ci-dessous, le schéma du parcours du chemin de mémoire, avec les lieux des emplacements des pierres.

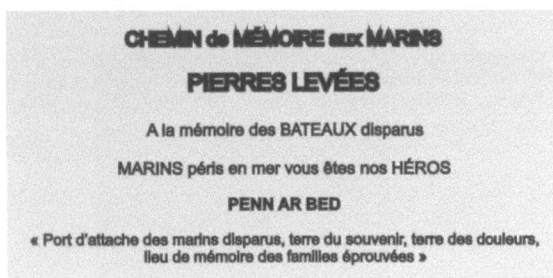

1 : l'espace hôtelier
2 : le Phare
3 : la chapelle
4 : L'enclos aux moines
5 : Le cénotaphe
6 : le musée
7 : L'abbaye
8 : Le Parking face au complexe hôtelier
9 : Le musée 39/45

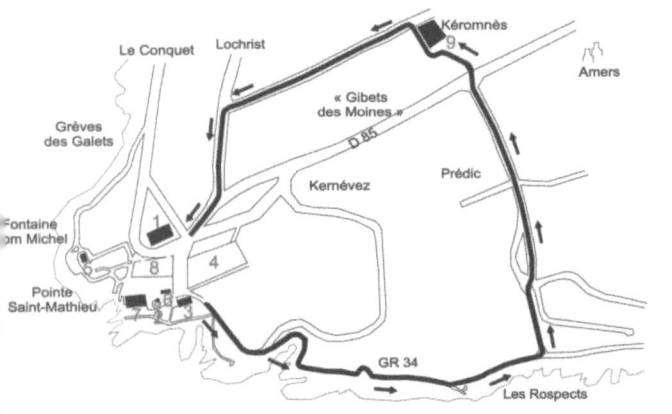

C'est sur le panneau de la pière située à l'emplacement N° 8, placée au parking de la pointe Saint-Mathieu face au complexe hôtelier, que figure le nom de la nef *Cordelière*. Ci-dessous, le panneau avec l'ensemble des noms des bateaux.

"Penn AR BED
Terre des Marins,
Port d'attache des marins disparus,
Terre du souvenir, terre des douleurs,
Terre d'amitié, de fraternité, d'espérance,
Lieu de mémoire des familles éprouvées"
Association « Aux Marins »

Frégate météorologique Laplace 1950

Contre-torpilleur Catapulte 1918

Sous-marin Sidi Ferruch 1942

Dragueur auxiliaire Denis Papin 1940

Cargo Libia 1917

Chalutier René Gabrielle 1972

Torpilleur Boulonnais 1942

Chalutier Tronoën 1967

Chalutier Lilas Blanc 1954

Chasseur de sous-marins SC-319 1918

Drague Adjader 1940

Sous-marin Saphir 1915

Nef La Cordelière 1512

Chalutier Lafayette 1990

Canot de sauvetage Léon Dufour 1925

Association « Aux marins »

CHEMIN de MÉMOIRE aux MARINS
pour les BATEAUX DISPARUS

« MARINS péris en mer vous êtes nos HÉROS »

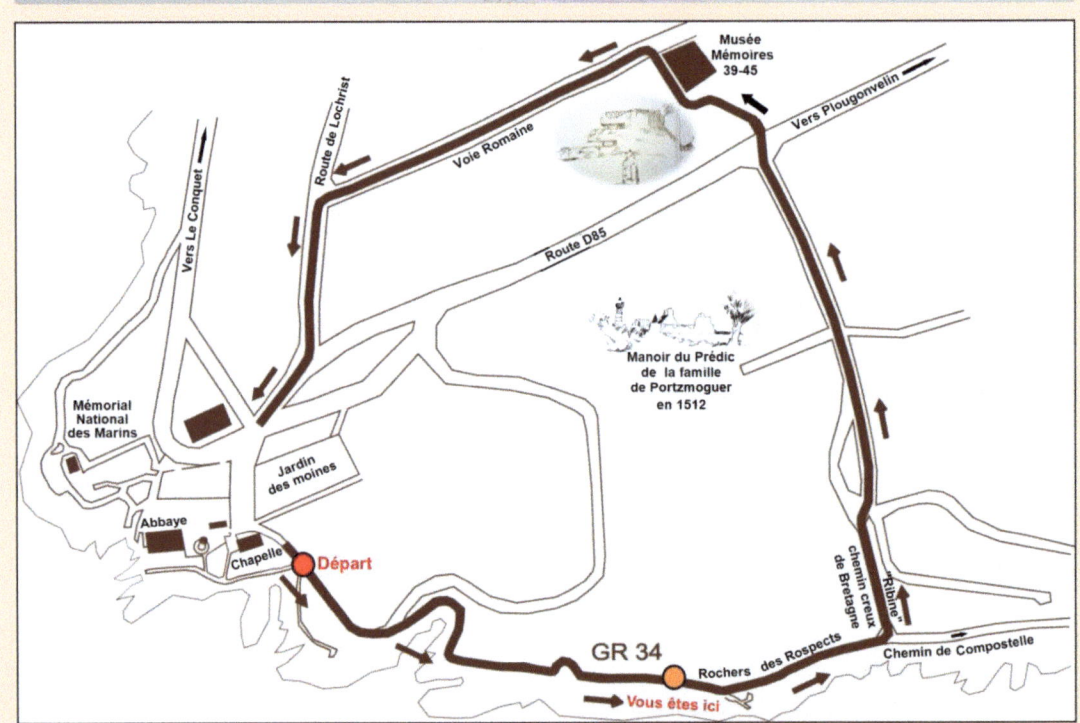

Le dernier combat de la "Cordelière"
vaisseau amiral d'Anne de Bretagne

Promeneurs, face à vous, entre les Rospects et le Toulinguet, s'est déroulée la *"Fatale journée du 10 août 1512 "* qui vit périr plus de 3000 hommes.

«Surgissant du large, passant devant Molène, et débouchant dans l'Iroise, l'armada anglaise de l'amiral Edward Howard s'apprête à attaquer les navires franco-bretons de la Duchesse Anne de Bretagne, commandés par Hervé de Portzmoguer, à bord de la Cordelière, venant du port de Brest. Les vaisseaux anglais ont un tonnage supérieur, Hervé de Portzmoguer ne peut trouver un abri dans la rade. Soudain, des grappins jetés lient les deux vaisseaux Cordelière et l'anglais Regent. C'est alors qu'une formidable explosion dans le ventre de la Cordelière détruit la caraque bretonne et le navire anglais, toujours enlacés ». («1512 - La Cordelière de Portzmoguer» Georges KEVORKIAN).

Aquarelle d'André Lambert

L'âme de nos marins plane sur l'océan, je l'ai vue ce matin sous l'aile d'un goéland – F.Breizirland

Communautés des communes du Pays d'Iroise (CCPI)
Association « AUX MARINS » WWW.memorial-national-des-marins.fr

Annexe 7
Laurent de Rome

Né (en 210 ou 220 ?) en Aragon, près de Husca (Espagne), martyrisé à Rome en 258. Ordonné diacre (10 août) par le pape Sixte II (pontificat du 30 août 257 au 6 août 258, date de son décès).

D'après ses Actes légendaires, il lavait par humilité les pieds des Chrétiens.

La charge, du trésor de l'église, lui ayant été confiée par le pape Sixte II, ce-dernier martyrisé, il fut contraint de devoir livrer ce trésor qu'il avait distribué aux pauvres, comme Saint-Thomas. Lésé de ce qu'il convoitait, l'empereur Decius (empereur de 249 à juin 251, date de son décès) ordonne de le battre de verges, de lui labourer les côtes avec un fer rouge et enfin, de l'étendre nu sur un gril sous lequel les bourreaux entassent des charbons ardents. Pendant que sa chair grésille, Laurent trouve le courage de défier l'empereur : « *Eh bien ! Tu m'as suffisamment rôti d'un côté ; retourne moi de l'autre ; après quoi tu pourras me manger cuit à point (**Assasli unam parlem, gira et aliam et manduca**)* ».

Cependant, d'après la source, ce supplice serait dénué de toute vraisemblance, car il n'était pas dans la tradition romaine de faire rôtir à petit feu les condamnés sur un gril. Il semble que c'est une invention espagnole empruntée à l'Orient, car cette légende se retrouve dans la passion de martyrs phrygiens.

Les lieux de culte se situent principalement :
- en Espagne, dans l'Aragon (sa patrie),
- et en Italie ; Rome a honoré le saint diacre dont elle conservait les reliques ; cinq églises lui sont dédiées. A Florence, saint Laurent est surtout populaire comme patron de Laurent de Médicis.

En France, peu d'églises lui sont dédiées ; la plus remarquable étant Saint-Laurent de Grenoble avec sa crypte mérovingienne.

C'est son supplice sur le gril qui lui assure les dévots les plus actifs. Invoqué contre le feu, les incendies, il était censé protéger tous les personnels exposés à des brûlures (pompiers, charbonniers, boulangers, cuisiniers, rôtisseurs, souffleurs de verre, repasseuses,..).

Le jour de la fête de Laurent (10 août), on devait se garder d'allumer du feu dans sa maison.

Le martyre de Saint-Laurent (Bernardo Daddl)

Source : « ICONOGRAPHIE DE L'ART CHRETIEN » par Louis Réau (Tome III – Iconographie des saints GO (Presses universitaires de France – 108 bd, Saint-Germain, Paris – 1958)

Commentaires :
- Les dates du règne de l'empereur Decius, d'après d'autres sources, ne concordent pas avec celles du pape Sixte et celles du diacre Laurent. En effet Decius serait mort en 251, soit 7 années avant le martyr de Laurent ? Il est vraisemblable que c'est le règne de l'empereur Valérien (de 253 à 260) qui doit mis en cause dans ce processus de persécution des chrétiens, et du martyr de Laurent.
- L'auteur de la source (ici principale) indique « *qu'il n'était pas dans la tradition romaine de faire rôtir à petit feu les condamnés sur un gril* ». Curieux, car d'après les années qui suivent l'avènement du christ, « *le paganisme romain s'attaque à l'évangile. Ainsi, à Rome, l'empereur Néron (54-68) organisme une orgie sanglante dans le jardin impérial où les corps de chrétiens, enduits de poix, flambent transformés en torches* » (Bible).